BEI GRIN MACHT SICH IHR WISSEN BEZAHLT

- Wir veröffentlichen Ihre Hausarbeit, Bachelor- und Masterarbeit

- Ihr eigenes eBook und Buch - weltweit in allen wichtigen Shops

- Verdienen Sie an jedem Verkauf

Jetzt bei www.GRIN.com hochladen und kostenlos publizieren

Sophie Strohmeier

Die frühmittelhochdeutsche Dichtung „Anegenge". Das Motiv des Gesprächs der Töchter Gottes

GRIN Verlag

Bibliografische Information der Deutschen Nationalbibliothek:

Die Deutsche Bibliothek verzeichnet diese Publikation in der Deutschen National-
bibliografie; detaillierte bibliografische Daten sind im Internet über http://dnb.d-
nb.de/ abrufbar.

Impressum:

Copyright © 2012 GRIN Verlag GmbH
Druck und Bindung: Books on Demand GmbH, Norderstedt Germany
ISBN: 978-3-656-88065-3

Dieses Buch bei GRIN:

http://www.grin.com/de/e-book/287852/die-fruehmittelhochdeutsche-dichtung-
anegenge-das-motiv-des-gespraechs

GRIN - Your knowledge has value

Der GRIN Verlag publiziert seit 1998 wissenschaftliche Arbeiten von Studenten, Hochschullehrern und anderen Akademikern als eBook und gedrucktes Buch. Die Verlagswebsite www.grin.com ist die ideale Plattform zur Veröffentlichung von Hausarbeiten, Abschlussarbeiten, wissenschaftlichen Aufsätzen, Dissertationen und Fachbüchern.

Besuchen Sie uns im Internet:

http://www.grin.com/

http://www.facebook.com/grincom

http://www.twitter.com/grin_com

Ludwig-Maximilians-Universität München

Institut für Deutsche Philologie

PS: Frühmittelhochdeutsche Literatur

Thesenpapier von Sophie Strohmeier

Wintersemester 2012/2013

Das Motiv des Gesprächs der Töchter Gottes im „Anegenge"

Um 1173- 80 entstanden (Neuschäfer 1969: S.11), zählt das Gedicht „Das Anegenge"
zu den ältesten Texten der volkssprachlichen Literatur. Es wurde in der Wiener
Sammelhandschrift 2696 von 1325 überliefert und ist nicht nur inhaltlich sondern
auch in seinem historischen Kontext ein sehr interessantes Gedicht. Während
Entstehungszeit und Entstehungsort wegen so eindeutiger Indikatoren wie dem
unreinen Reim, oder der erst im bairischen verbreiteten Dehnung (Neuschäfer 1969:
S.31), relativ gut zu bestimmen sind, bleiben der Dichter, sowie sein Umfeld
unbekannt. Über seine Intentionen wurde viel diskutiert, es bleibt jedoch vieles
ungeklärt bei diesem Gedicht, das zwar formal sinnvoll gegliedert ist, inhaltlich aber
einige Fragen aufwirft. Der Dichter bedient sich vieler gängiger Lehren und Motive
seiner Zeit, greift sie aber auf sehr ungewöhnliche und teilweise schwer verständliche
Weise auf. Eins der Motive, die der Dichter verwendet, ist der „Streit der Töchter
Gottes", das im „Anegenge" als erstes auf Deutsch wiedergegeben und auf
interessante Weise den zentralen Themen im „Anegenge" angepasst wird (Mäder
1971: S.46). Vor der Untersuchung dieses Motivs im Allgemeinen und speziell im
„Anegenge", werden erst der Inhalt, die wichtigsten Themen und Interpretationen kurz
vorgestellt, um ein besseres Verständnis für die Vorgehensweise des Dichters zu
bekommen.

Wie schon erwähnt, ist „Das Anegenge" rein formal gut gegliedert. Die 3242 Verse
sind in Sinnabschnitte eingeteilt, die von der Anzahl der Verse auch die Wichtigkeit
des Themas wiederspiegeln (Rupp 1971: S.257). Der Name „Das Anegenge" deutet
zunächst auf einer Nacherzählung der Schöpfungsgeschichte hin, ist aber wie häufig
bei solchen Texten wahrscheinlich eine Schreiberüberschrift die hinzufügt wurde,
bevor der Abschreiber das ganze Gedicht gelesen hatte (Rupp 1971: S.241). Denn im
Prolog erklärt der Dichter davon das er *genzlîchen* erzählen wird wie Gott *die finstere
braetest (braete) ze liechte/ und (…) von niechte woldest (wolde) wurchen elliue dinc*
(Neuschäfer 1968: Vers 23)- es scheint also zuerst als wolle er die Genesis
nacherzählen. Doch einige Verse weiter legt der Dichter seine eigentlichen Absichten
dar: Es geht ihm um die Erläuterung theologischer Fragen (Neuschäfer 1969: Vers 65-
88), die er hier alle aufzählt. Es fällt bereits der ungewöhnliche Tonfall des Dichters
auf, er spricht sein Publikum, wahrscheinlich adlige Laien, direkt an, jedoch nicht um
ihr Mitgefühl zu erwecken, wie es andere Autoren um diese Zeit tun, sondern um sie
zu warnen und ihnen seine Allwissenheit zu zeigen. Er warnt sie also im Prolog, nicht
damit zu rechnen, die vom ihm dargelegten theologischen Probleme zu verstehen: *Ich*

2

rate ouch tumben daz/ daz sie sich des gelouben/ und in diu gotes tougen/ so tiefe niht gedenchen/ daz sie sich selben icht ertrenchen (Neuschäfer 1969: Vers 52- 56). Der Dichter selbst jedoch scheint über solche Verständnisprobleme erhaben zu sein, er nimmt für sich in Anspruch *elliu buoch* (Neuschäfer 1969: Vers 6) erzählen zu können. Wie in seinem Prolog angekündigt, beginnt der Dichter sein Werk nun mit Erläuterungen zu Gott, der Schöpfung und dem Fall der Engel. Es geht vor allem um das Wesen Gottes vor der Erschaffung der Welt und den Fall Luzifers. Dabei werden bereits zentrale Themen seines Gedichts offenkundig: Die Darstellung Gottes als gut und vorausplanend und die Wichtigkeit des freien Willens. Gott braucht die Schöpfung nicht, er erschafft die Engel nur um seine „wunne" (Neuschäfer 1969: Vers 138) zu teilen und er bindet die Engel nicht durch Zwang an sich, sondern gewährt ihnen den freien Willen, also auch die Möglichkeit zum Fall, er will ja denen die freiwillig zu ihm stehen *niht unrehtes tuon* (Neuschäfer 1969: Vers 170). Auch der doch recht eigenwillige Schreibstil des Dichters zeigt sich hier. Obwohl die formale Gliederung durchaus gelungen ist, wiederholt sich der Dichter inhaltlich an vielen Stellen, beispielsweise wiederholt er die Schöpfung der Welt (Neuschäfer 1969: Vers 210- 215), andererseits erwähnt er bereits selbstverständlich die Trinität (Neuschäfer 1969: Zeile 187- 191), obwohl er sie erst später erläutert. Nach der bibelgetreuen Schöpfungsgeschichte schließt der Dichter ohne inhaltlichen Übergang die Geschichte Luzifers an, von der er dann ebenso plötzlich zur Trinität Gottes kommt, die sehr plastisch durch ein Gespräch zwischen *gewalt* (Neuschäfer 1969: Vers 321), *wîsheit* (Neuschäfer 1969: Vers 326-327) und *guete* (Neuschäfer 1969: Vers 333).dargestellt wird. Auch im folgenden Teil des Gedichts, der sich auf die Geschichte von der Erbsünde bis Noah bezieht, fallen inhaltliche Ungenauigkeiten auf: Der Dichter bricht Themen plötzlich ab oder bleibt, wie bei der Erzählung von Kain und Abel zu ungenau (Neuschäfer 1969: Vers 1657). Besonders bei dem Themenblock „Der Mensch" fällt die Überbewertung einiger Fragen und Einzelheiten auf: Beispielsweise die Frage wie Noah es schaffte von jeder Tierart zwei einzufangen, die jedoch für die weitere Menschheitsgeschichte keinerlei Relevanz hat (Neuschäfer 1969: Vers 1877). Seine Erklärungen sind keine neuen theologischen Theorien, der Dichter nennt keine bestimmten Quellen oder Schulen denen er angehört, auch wenn ihm von der Forschung einige zugerechnet worden sind. Seine Art der Auseinandersetzung mit theologischen Konflikten waren wohl bereits zu seiner Zeit antiquiert, wie seine Meinung zur Prädestination (Neuschäfer 1969: Vers 897-898). Man kann also davon ausgehen, dass der Dichter eine -im Gegensatz zu anderen überlieferten Werken aus

3

derselben Zeit- eher mittelmäßige Bildung erhielt, die auf kein bestimmtes Ziel hinauslief, sondern ganz verschiedene Wissensfetzen vermittelte (Rupp 1971: S.256).

Doch man darf die Leistung nicht vergessen, die der Dichter trotzdem vollbringt: Er schafft es abstrakte Dinge anschaulich zu erklären und wechselt dabei oft zwischen Belehrung und Erzählung hin und her, was der Verständlichkeit aber meist keinen Abbruch tut. Er versucht offensichtlich einem Laienpublikum höhere Theologie verständlich zu machen, was ihm auch oft genug gelingt (Rupp 1971: S.257). Ein gutes Beispiel hierfür ist sein Exkurs „De visione Dei", der sich an die Erzählung der Menschheitsgeschichte bis Noah anschließt. Hier erklärt der Dichter die Sichtbarkeit und gleichzeitige Unsichtbarkeit Gottes mit der einleuchtenden Metapher des Raumes, den man auch nur entweder von außen, oder von innen sehen kann, aber nie komplett (Neuschäfer 1969: Vers 2198- 2204). An diesen Exkurs schließt sich der Themenkomplex „Erlösung" an, auf den die vorherigen Teile des Gedichts sozusagen hingearbeitet haben. Der Teil wird mit dem Gespräch der Töchter Gottes eingeleitet, auf das später noch genauer eingegangen wird. Ergebnis dieses Gesprächs, ist die notwendige Menschwerdung Christi, die der Dichter nun von der Geburt, bis zur endgültigen Rückkehr Jesu in den Himmel mit vielen Einzelheiten beschreibt. Wichtig ist hier vor allem das „Sünde-Buße-Prinzip", das Jesus in der Welt einführt und an dem der Dichter sehr logisch die Erlösung aller Menschen durch Jesu Tod erläutert. Alle Sünden Adams und Evas müssen von Maria und Jesus in genauer Umkehr durchlebt werden, um die Erbsünde, die auf allen Menschen lastet, abzubüßen. Eva, beispielsweise wurde von Luzifer ewiges Leben versprochen, doch sie isst von der verbotenen Frucht und erhält Sterblichkeit und Schmerz. Maria aber wird vom Engel Schmerz verkündigt, aber sie erhält Freude. Genauso verhält es sich bei Adam, dessen Hochmut Jesus am Kreuz durch Erniedrigung büßen muss und der letztendlich sterben muss, weil Adam und Eva durch die Erbsünde alle Menschen sterblich gemacht haben (Neuschäfer 1969: Vers 3118- 3119). Nur durch den Tod eines Unschuldigen, als Sünder, können also die Sünder zu Unschuldigen werden. Der Dichter beendet sein Gedicht mit Lobpreisungen fordert sein Publikum auf, sich Gott als würdig zu erweisen.

Von den vielen Motiven die sich im Gedicht „Das Anegenge" finden und interpretieren lassen, wird hier vor allem das des Töchter Streits untersucht, mit dem der Sinnabschnitt „Erlösung" im „Anegenge" beginnt. Dieses, schon seit der Antike verwendete, Motiv wird im „Anegenge" zum ersten Mal auf Deutsch wiedergegeben und enthält die zentralen Themen, auf die der Dichter in seinem Gedicht immer wieder zurückkommt.

Doch zuerst wird der Töchterstreit als allegorisches Motiv untersucht, um zu verstehen wie der Dichter dieses Motiv für seine Intentionen nutzt und uminterpretiert. Der Ursprung dieses Motivs geht auf den Bibelvers *Misericordia et veritas obiaverunt sibi/ iustitiae et pax osculatae sunt* in der Vulgata zurück (Mäder 1971: S.14). In diesen zwei Versen steht nichts von Töchtern Gottes oder einer Verbindung zur Heilsgeschichte, doch wurde der Psalm bereits beim jüdischen Midrasch, der Auslegung religiöser Texte, neuinterpretiert. Hier ist jedoch noch nicht von Töchtern Gottes die Rede für die vier Tugenden stehen, sondern von einem Rat der Engel, den Gott bei der Erschaffung des Menschen um Rat fragt. Die Engel sind sich uneinig: Die personalisierten Eigenschaften Barmherzigkeit und Gerechtigkeit sind für die Erschaffung des Menschen, denn sie wissen, dass der Mensch gerecht und barmherzig sein wird. Wahrheit und Friede sind jedoch dagegen: der Mensch wird voller Lüge sein und Krieg entfachen. Gott reagiert, indem er die Wahrheit zur Erde wirft (Mäder 1971: S.16). Hier ist bereits der Grundgedanke für den Töchterstreit gelegt: Es geht um das Schicksal Menschen. In den ersten christlichen Bearbeitungen des Motivs hat sich jedoch einiges verändert. Es wurde von so bekannten Theologen wie Bernard de Clairevaux und Anselm von Canterbury in ihre Werke aufgenommen, was dazu führte, dass der Töchterstreit als Motiv in die kanonische Literatur des Mittelalters eingegangen ist. Auch die Auslegung des Motivs wurde durch Bearbeitung christlicher Autoren verändert: Es geht nun um das Schicksal, des durch die Erbsünde, dem Teufel gehörenden Menschen. Gott hält sozusagen mit sich selbst Rat wie er mit dem Menschen verfahren soll. Eigentlich müsste er den Menschen seinen eigenen Worten nach mit ewiger Sterblichkeit bestrafen, andererseits will Gott seine beste Schöpfung nicht fallen lassen. Hier steht nun Barmherzigkeit und Friede gegen Wahrheit und Gerechtigkeit. Besonders wichtig wird der Töchterstreit in Anselm von Canterburys „Cur Deus Homo", in dem er ein Beispiel für dessen Satisfaktionslehre wird. Hier wird auch die Wichtigkeit des Motivs für das Christentum deutlich: um seine Ehre zu retten muss Gott vom sündigen Menschen eine „unendliche Genugtuung" (Mäder 1971: S.11) fordern, diese kann der Mensch jedoch nicht leisten also muss Gottes einen Teil seines Selbst menschlich werden und sterben lassen- nur so kann die Erbsünde aufgewogen werden. Diese Fassung des Töchterstreits wird in vielen Texten übernommen und variiert, so findet der Rat Gottes mit seinen Töchtern bereits vor der

Erschaffung des Menschen statt oder die Töchter befinden sich (wie bei Clairevaux und im „Anegenge") auch noch im Gespräch mit der Trinität (Mäder 1971: S.19f.) Dieses Motiv des Töchterstreits findet sich im deutschsprachigen Raum nun zum ersten Mal im „Anegenge", wenn es auch nicht explizit als Töchterstreit ausgewiesen ist. Wie bereits erwähnt, leitet das Gespräch der Töchter den Inhaltsabschnitt „Erlösung" ein. Inhalt dieses Gesprächs ist also, wie zu erwarten war, eine Diskussion über das Schicksal des, durch die Erbsünde auf ewig belasteten, Menschen. Es ist sicher, dass der Dichter sich bei diesem Gespräch auf den Psalm 84,11 bezogen hat, da er dieselben Eigenschaften sprechen lässt und den Bibelvers am Ende des Gesprächs fast wörtlich zitiert. (Neuschäfer 1969: Vers 2386- 2387). Allerdings sind im Gespräch, dass natürlich mit dem Entschluss, das Christus zu Erde kommen und für die Menschen sterben muss endet, die Rollen der „Töchter" nicht immer ganz eindeutig, vor allem weil sich auch noch die drei Teile Gottes Vater, Sohn und Heiliger Geist am Gespräch beteiligen. Die *erbermde* ruft einen Rat zusammen, weil sie das Leid der Menschen beenden will (Neuschäfer 1969: Vers 2256- 2257). Die *wârheit* ist hier ihr Gegenpart, überhaupt übernehmen diese beiden den Löwenanteil des Gesprächs. Die *wârheit* entgegnet, dass Gott (also auch sie selbst, denn sie benutzt hier die 1.Person Plural) sein Wort gegenüber den Menschen einhalten müsse (Neuschäfer 1969: Vers 2288). Nun kommt eine problematische Stelle des Gedichts: Es wird vorgeschlagen einen ganz neuen Menschen zu erschaffen, der den die schlechte Menschheit erlöst. Das Problem ist hier, dass man aus dem Gedicht nicht ersehen kann wer spricht. Es könnte also entweder ein Einwurf der *wârheit* auf ihre eigenen Worte sein, oder ein Vorschlag der *erbermde*. Dann wären die Verse, die den Sprecherwechsel angezeigt hätten verloren gegangen, allerdings ist diese Theorie inhaltlich wahrscheinlicher (Rupp 1971: S.234f.). Auf diesen Vorschlag, den also höchstwahrscheinlich *erbermde* gemacht hat, entgegnet wiederrum die *wârheit*, dass, seit *Adâm wart ungehôrsam,* die Erde verflucht sei und es damit unmöglich sei, einen reinen Menschen aus ihr zu erschaffen (Neuschäfer 1969: Vers 2291- 2292). Doch laut *erbermde* ist die Erde nur für Adam verflucht, nicht für andere Menschen, diese können also einen reinen Menschen hervorbringen. Das, erklärt der Dichter in einem Einwurf, ist bereits eine Vorausdeutung auf die Jungfrau Maria. Die *wârheit* beschreibt nun wie dieser neue Mensch seien müsste: Er müsste so gut sein, dass er den schlechten Menschen erlösen könnte, dass hieße aber, dass er ohne Möglichkeit zur Sünde, also ohne freien Willen geschaffen werden müsste. Hier wird also wieder die Idee vom freien Willen des Menschen aufgegriffen. Das Thema, das der unbekannte Dichter in das ganze Gedicht einfließen lässt, wird hier ausformuliert: Das, was der Mensch anscheinend mit Gott und den Engeln gemeinsam hat, eben der Grund, warum der Mensch den Platz des gefallenen Teufels einnehmen konnte, ist sein freier Wille. Deshalb verneint die *wârheit* sofort selbst ihren Vorschlag vom neuen Menschen: Eine Kreatur ohne freien Willen ist nichts wert und erst recht nicht dazu fähig *daz vrî geslehte* zu erlösen (Neuschäfer 1969: Vers 2336). So hebt der Dichter seine, schon fast neuzeitliche, Idee von der Wichtigkeit des freien Willens, der den Menschen über andere Geschöpfe stellt noch einmal deutlich hervor und das, obwohl ja genau dieser freie Wille der Grund für seine Verdammnis ist. Doch dieses Paradoxon wird ja bereits in der Erzählung von der Erschaffung der Engel aufgelöst (Neuschäfer 1969: Vers 146- 168). Im Gespräch der Töchter ergreift nun zum ersten Mal das *reht* das Wort: Es bestätigt nochmal, dass dem Teufel bei der Auslösung des Menschen nicht Unrecht getan werden dürfe. Nun hat *erbermde* die Lösung für das Problem: Sie spricht den „wîser (wîsen) got, also den Sohn, persönlich an und bittet ihn Mensch zu werden und unschuldig für die Menschen zu sterben, um die Erbsünde von ihnen zunehmen (Neuschäfer 1969 : Vers 2344). Daraufhin klagt die Gewalt, also der Vater, über den Aufwand, den er für die Rettung des Menschen betreiben muss. Doch der Sohn stimmt dem Vorschlag der *erbermde* zu und auch das *reht* ist nun zufrieden: Das Recht des Teufels ist gewahrt. Und zur Schlussszene kommt auch noch der Friede hinzu und gibt sich mit dem Recht, ganz nach dem Vorbild des Psalms, den Friedenskuss. Der Dichter fügt nun noch an, dass es *erbermde* war, die *die vîentschaft, diu zwischen dem Menschen und got was* beseitigt hat (Neuschäfer 1969: Vers 2389- 2390). Es wird also nicht nur durch ihren Redeanteil deutlich gemacht, wie wichtig die *erbermde* für den Dichter ist. Sie scheint auch am engsten mit der *guete*, also dem Heiligen Geist in Verbindung zu stehen, jener Teil Gottes den der Dichter im „Anegenge" immer wieder hervorheben will. Auch wenn die *guete* sich als einziger trinitarischer Teil nicht zu Wort meldet, wird sie doch gleich am Anfang des Gesprächs zusammen mit der *erbermde* genannt (Neuschäfer 1969: Vers 2259) (Sherwood- Smith 2003: S.218f.). Eine ähnlich enge Beziehung kann man auch bei *gewalt* und *wârheit* feststellen. Die *wârheit* benutzt als einzige die erste Person Singular und zwar als sie von der Erschaffung der Erde spricht, was doch sehr an die *gewalt* erinnert, die ja sozusagen als Exekutive Gottes fungiert. Sherwood- Smith meint hierzu allerdings, es handele sich bei den vier Eigenschaften *erbermde, wârheit, reht* und *vride* nicht um die Töchter Gottes, sondern nur um Stellvertreter der Trinität, die einerseits einzelne Persönlichkeiten sind, andererseits eben eine Einheit mit der

Trinität bilden (Sherwood- Smith 1969: S.216). Das macht sie vor allem an den häufigen Personaladjektiv- Wechseln fest, durch die die „Töchter" sich mit der Trinität gleichsetzen aber auch genauso häufig abgrenzen. Allerdings schließt sich die Theorie Sherwood- Smiths und die von Rupp und Mäder, die beide der Meinung sind es handele sich bei der untersuchten Passage sehr wohl um die erste Manifestation des Töchterstreits auf Deutsch, nicht unbedingt aus (Mäder 1971: S.46). Nur weil die vier Eigenschaften im späteren Mittelalter als Töchter bezeichnet werden, heißt das nicht, dass sie nicht mit den trinitarischen Eigenschaften Gottes in Einklang zu bringen sind. Wie es der Text belegt, stehen die „Töchtereigenschaften" in enger Beziehung zur Trinität und können dadurch durchaus als deren Stellvertreter, aber eben wegen dem Psalm 84,11 und dem heilsgeschichtlichen Kontext, der ja im jüdischen noch ein Gespräch zwischen Engeln war, auch als Töchter gelten.

Die vier Tugenden Barmherzigkeit, Wahrheit, Gerechtigkeit und Friede wurden im Spätmittelalter vor allem deshalb als Töchter Gottes bezeichnet, weil im 12. Jahrhundert die „Rex et famulus"- Parabel in Umlauf kommt (Mäder 1971: S.25f.). In dieser Geschichte wird das sozusagen überirdische Problem der Erlösung des Menschen, in ein menschliches umgewandelt und einem Laienpublikum erklärt: Ein König will seinen Knecht für Übertretung eines Verbots bestrafen, doch sein Töchter Misericordia, Pax, Iustitia und Veritas streiten sich über das Schicksal des Knechts. Misericordia will den Knecht retten, ihre Schwestern Iustitia und Veritas wollen die gerechte Strafe. Die vierte Schwester Pax ist, wegen des Streits in ein fremdes Land gegangen. Schließlich kann nur der Sohn durch den eigenen Tod den Knecht vor seinem Tod retten und die Schwestern versöhnen. Diese Geschichte ist in einigen Variationen überliefert. Es ist nicht gesichert wann genau diese Geschichte entstand, da sie anfangs hauptsächlich von fahrenden Sängern vorgetragen wurde. Man kann also nicht mit Sicherheit sagen, dass der unbekannte Dichter des „Anegenge" die Geschichte nicht doch kannte und deshalb die vier Tugenden ganz bewusst von der Trinität abgetrennt hat. Außerdem geht das Motiv des Töchterstreits auch in zwei sehr bekannte theologische Erbauungsschriften des Spätmittelalters ein: In die „Mediationes Vitae Christi" und die „Vita Christi" (Mäder 1971: S.36). Außerhalb des direkten heilsgeschichtlichen Kontextes erfreute sich das Motiv, vor allem wegen seiner guten Vereinbarkeit mit der Lehre von den Rechten des Teufels im Spätmittelalter auch großer Beliebtheit bei christlichen Rechtsschriften und den sogenannten Satansprozessen, wie beispielsweise im Belial. Dort spielen die Töchter oft die Rolle von Verteidigern oder Anklägern der Sünder (Mäder 1971: S.43f.).

Literaturverzeichnis

Primärliteratur

1. Neuschäfer, Dietrich: Das Anegenge. München: Wilhelm Fink Verlag 1969

Sekundärliteratur:

1. Mäder, Eduard Johann: Der Streit der Töchter Gottes. Zur Geschichte eines allegorischen Motivs. Bern und Frankfurt: Herbert Lang& Cie AG 1971

2. Rupp, Heinz: Deutsche religiöse Dichtungen des 11. und 12. Jahrhunderts. Bern und München: Francke Verlag 1971

3. Sherwood- Smith, Maria: Selbstgespräche zu dritt: Intertrinitarische Gespräche im „Anegenge" und in der „Erlösung". In: Dialoge: Sprachliche Kommunikation in und zwischen Texten im deutschen Mittelalter. Hamburger Colloquium 1999. Henkel, Nikolaus, Hrsg. Tübingen: Max Niemeyer Verlag GmbH 2003